ESSAIS

SUR LA FABRICATION

DE

LA POLENTA ET DU TER-OUEN.

Plusieurs personnes ayant désiré connaître les détails de la fabrication de la **Polenta** *et du* **Ter-Ouen**, *je me fais un plaisir de les rapporter ici, et d'y joindre quelques réflexions sur les motifs qui ont déterminé mes recherches.*

IMPRIMERIE DE CARPENTIER-MÉRICOURT,
Rue de Grenelle-S.-Honoré, n° 59.

ESSAIS

SUR LA FABRICATION

DE

LA POLENTA ET DU TER-OUEN.

Par M. Ternaux l'aîné.

DISTRIBUÉ A SAINT-OUEN,

LE 19 MAI 1825.

LA FABRICATION

DE

LA POLENTA ET DU TER-OUEN.

La pomme de terre présente autant d'avantages pour la nourriture de l'homme que les céréales. Il a été prouvé par de nombreuses expériences qu'un arpent de ce tubercule produit plus de substance nutritive que le meilleur froment. S'il n'obtient pas la préférence, c'est que sa conservation entraîne deux inconvéniens majeurs : le plus grand volume proportionnel dans lequel cette substance est renfermée, et la difficulté de le conserver au-delà de six mois; car en mars il commence à germer, et il a déjà perdu plus de 20 p. ⁰/₀ à la fin d'avril. M. Cadet de Vaux a rendu un service signalé à l'agriculture et à l'économie domestique, en remédiant à ces deux inconvéniens. Il proposa en 1814, la confection du gruau de pomme de terre, c'est-à-dire, de la fécule réunie avec son parenchyme, auquel il donna le nom de *Polenta*.

Mais cet aliment, pour devenir, sous cette dernière forme, d'un emploi usuel, doit être fabriqué en grand, afin de l'être avec économie, et par suite être livré à bon marché à la consommation. Toute simple que paraît d'abord devoir être cette confection, il est difficile d'imaginer les nombreuses difficultés qu'il y a eu à vaincre pour arriver à pouvoir procurer à 5 centimes un potage maigre (la Polenta), et un potage plus sain encore et plus nutritif, où les deux substances végétale et animale se trouvent réunies (le Ter-Ouen), pour le prix de 10 centimes, avec un bénéfice suffisant pour le fabricant et pour le débitant.

Tel est le résultat auquel je suis parvenu, à force de tâtonnemens et d'essais, pendant la longue durée desquels je n'ai été soutenu que par l'espoir, j'oserai même dire la certitude de voir un jour l'agriculture en recevoir de beaux et d'utiles développemens, le peuple des ressources dans les tems de disette, la marine ses approvisionnemens, enfin la société entière en retirer les plus grands avantages.

C'est aux personnes exemptes, et de cet asservissement aux préjugés et aux habitudes si nuisibles à l'avancement vers un meilleur état, et de cette disposition à adopter avec enthousiasme tout ce qui leur paraît nouveau, mais qui jugent de la valeur des choses, après un examen appro-

fondi des avantages qui leur sont annoncés, à me
seconder dans mes vues de répandre et de géné-
raliser l'usage d'une découverte aussi utile à
l'humanité.

Ce serait trop exiger que de chercher dans un
aliment aussi économique, la saveur et le goût
que l'on trouve dans d'autres potages plus recherchés, on peut cependant y parvenir jusqu'à un
certain point en ajoutant dans la cuisson de *la Polenta*, un peu de beurre ou d'œufs, de lait ou de sucre, et dans le *Ter-ouen* un peu de bouillon frais.

L'un des grands avantages de ces aliments,
c'est de pouvoir se conserver pendant plusieurs
années ; il suffit de les placer dans un endroit sec.
Le *Ter-ouen*, renfermant beaucoup de parties
nutritives sous un assez petit volume, et par con-
séquent facile à transporter, doit contribuer puis-
samment à faire arriver les années d'abondance
au secours des années de disette, et finir par être
d'un grand avantage pour l'agriculture. Dans les
années où les céréales et les pommes de terre sont
également abondantes, on donne la préférence
aux premières, et les secondes ne trouvant pas de
consommateurs sont données aux bestiaux, ce
qui, alors, avilit tellement leur prix, que leur culture en est négligée. Tandis que si le fabricant
les achète par spéculation, pour les vendre
comme gruau ou *Polenta* dans les années stériles,
ses achats annuels en soutiennent la culture pour

un plus haut prix. Cette substance peut être ensuite livrée à la consommation dans les temps de
disette , à la fois comme produit frais plus abon-
dant et comme produit conservé par précaution.

La plus grande difficulté que j'aie eu à vaincre
dans la fabrication de ce comestible, qui se fait
actuellement à St-Ouen d'une manière régulière,
par MM. Karr et Cie, sous mes auspices, était d'arriver à la dessication de la pomme de terre en sor-
tant du *vermicelloire*. Pour y parvenir il m'a fallu
obtenir et conserver de 70 à 75 degrés de chaleur
dans l'étuve , en plaçant dans sa partie inférieure
le ventilateur qu'on est dans l'usage de porter à la
partie supérieure ou sur le côté. J'ai observé qu'il
résultait de ce changement que les vapeurs ou
buées, provenant de la dessication, entraînaient
moins de calorique en s'échappant, résultat qui
tourne au profit de l'opération entière.

Cette opération consiste :

1° A *laver* les pommes de terre à grande eau,
afin d'enlever toutes les parties terreuses qui y
restent attachées lorsqu'on les recueille ;

2° A les faire *cuire* à la vapeur.

De toutes les expériences que j'ai faites à cet
égard, le mode le plus convenable que j'aie trouvé
pour cette partie du travail , est l'emploi d'une
chaudière autoclave (fabriquée par M. Moul-
farine, qui l'a construite exprès) d'où la vapeur
passe, à l'aide d'un petit tuyau recouvert d'étoffe

de laine (ainsi que la calotte de la chaudière),
dans un petit baril contenant un demi-setier de
pommes de terre , que l'on retire au bout de trente
minutes.

3° A les *éplucher*.

La pelure, qui s'enlève facilement lorsqu'elle
est chaude, se donne aux bestiaux, à moins que
l'on ne veuille faire de la *polenta* ou du gruau
de seconde qualité, qui n'a de différence avec
l'autre que sa couleur, qui est moins blanche,
mais qui revient à beaucoup meilleur marché,
puisque d'une part on économise l'épluchage (la
main-d'œuvre la plus chère de l'opération, quoi-
qu'elle soit faite par des femmes ou des enfans),
et que de l'autre on obtient autant de substance
nutrive, comme on le verra par le calcul ci-
après.

4° Après l'épluchage, à *briser* la pomme de
terre à la pelle ou au rouleau. On l'étend ensuite
sur des nattes de laine, pendant douze heures,
pour obtenir à l'air libre une première dessication.

5° A *passer* ensuite la pomme de terre sur le
vermicelloire, où elle se divise et s'étend sur des
châssis faits en canevas de deux pieds de large
sur trois pieds six pouces de long;

6° A *placer* ces châssis ainsi chargés dans l'é-
tuve qui, dans un espace de quatorze pieds sur
dix-huit et huit de hauteur, contient trois cent

soixante châssis sur lesquels sont étendus cinq setiers de pomme terre.

7° A *mettre au moulin* la *polenta*, au sortir de l'étuve, pour en faire du *gruau*, de la semoule ou de la farine.

Je me sers pour cette opération des moulins *Dronsart*, que deux hommes tournent facilement à bras, lorsque les travaux précédens les laissent libres.

On procède à la fabrication du *Ter-ouen* en faisant d'abord, par le moyen de la marmite autoclave ou de l'acide étendu selon le mode de M. Darcet, de la gélatine ou bouillon d'os, que l'on fait évaporer dans les proportions indiquées par les calculs du *prix-revenant*. On joint ensuite du pain de viandes de l'Ukraine, des carottes, des panais, des clous de gérofle. On mêle ensuite ce liquide avec la *polenta*, en le versant successivement sur celle-ci en même temps qu'on l'agite de la même manière qu'on le fait pour la pâte de farine. On l'étend ensuite sur les châssis, on la passe à l'étuve; et pour cette dernière dessication, quarante degrés de chaleur sont suffisans. L'opération terminée donne le *Ter-ouen*, ou potage au gras, que l'on obtient comme celui de la *polenta* en tout temps, à toute heure, après une ébullition de quinze minutes dans une demi-pinte d'eau pour un potage. On met le tout ensemble dans une casserole, et on remue pendant la cuisson.

Prix revenant de la fabrication de la POLENTA,
ou Gruau de Pommes de terre.

———

Le setier du poids de 160 ⎱ 5 set. de pom. de terre
  à 165 kilog. ⎰   à 3 f. . . . . f. 15   »
                 10 ouvrières p. éplucher. 10   »
                 2 ouvriers. 4 25
40 kil. pour la cuisson. ⎱ 120 kil. de charbon de
80 d° pour la dessication. ⎰   terre. 5   »
                 Menus frais. 1 50
                 1/2 journée de mouture. 1 50

                                      f. 37 25
       Intérêt du capital employé à 6 %. . . . 2 24

                                      f. 39 49
1 jour 1/2 de loyer à 800 f. . . . . f. 3 28
8003 f. 10 d'ustensiles ; usure à 6 %/₃ p. an. 5 26   8 54

Le produit en *Polenta* est de 160 à 165 kil., et coûte f. 48 3

Le kilo de Polenta revient en vrac à. . . » 29 c.
Bénéfice brut du fabricant, 60 % du capital déboursé. . . . . » 19   *
Remise accordée au marchand 25 %. ⎫
ou commission, sans avances de sa part, ⎬ » 12
  ne payant qu'après la vente faite. ⎭

16 potag. ou 1 kil. coûtent au consomm. » 60 c.

2 onces ou 62 grammes font un potage ordinaire; il revient donc à un peu moins de 4 cent., et, en employant 2 onces 1/2, ou 80 grammes, ce potage ne revient pas à plus de 5 centimes.

Ces potages suffisent à la nourriture habituelle, et, comme je l'ai dit plus haut, l'addition d'un peu de beurre, ou d'œufs, de légumes, ou de lait, de sucre, ou de bouillon, leur donne, à peu de chose près, la saveur de nos potages recherchés.

———

* Moins les frais de mise en paquets, les imprimés, les chances du crédit accordé, tous frais impossibles à prévoir ou à détailler.

Prix revenant de la fabrication de la Polenta *de seconde qualité.*

———

5 Setiers de pommes de terre, à 3 f. . . . . f.	15	»
2 Ouvrières.	2	»
2 Ouvriers..	4	25
120 kil. de charbon de terre..	5	»
Menus frais.	1	50
1/2 Journée de mouture.	1	50
f.	35	25
6 p. o/o, intérêt du capital employé.	2	»
f.	33	25

Une journée de loyer à 800 f. 3   28
800 3 f. 10 c. d'ustensiles ; usure à 16
p. o/o l'an. 5   26   8   54

Le produit en *Polenta*, 2ᵉ qualité, p. 200 k. coûte. f. 43   79

Le kilo de Polenta avec pelure revient en vrac. .	»	22
Bénéfice brut du fabricant, 45 p. o/o du capital		
déboursé.	»	10
Bénéfice du marchand, ou commission sans		
avances de sa part, 25 p. o/o.	»	8
16 Potages ou 1 kil. coûtent au consommateur. . . f.	»	40

16 Potages reviennent à 40 cent., ou un potage ordinaire de 2 1/2 à 3 centimes.

Celui-ci est aussi nourrissant que celui de première qualité, seulement le goût n'en est pas aussi fin; cependant l'addition de 1/8 de farine d'avoine grillée, que l'on nomme en Suisse *Abermuss*, le rend aussi agréable que le précédent.

———

Prix revenant de la fabrication du Ter-Ouen.

Pour former la gélatine :

Environ 100 kil. en — 20 paires de pieds de bœuf, à 1 fr. 50. . f. 30 »

1 k. 1/2 pain de viande, à 4 fr. . . . . 6 »

50 kil. pour la dessication. { 60 kil. de charbon. . . 2 50

20 kil. pour la cuisson. { 10 kil. sel gris, à 45 c. . 4 50

Ouvrier pendant deux jours, à 2 fr. 25. . . 4 50

Deux femmes, d° à 1 fr. 4 »

Menus frais. 1 50

f. 59 »

6 p. o|o, intérêt du capital employé. . . 3 54

f. 62 54

2 jours de loyer, à 800 f. 4 38

633 f. 85 c. d'ustensiles ; usure à 16 p. o/o. . » 56 — 4 94

f. 67 48

A déduire 5 kil. d'huile, à 2 f. . . . . 10 »

f. 57 48

110 kil. de *Polenta*, à 30 c. . . . . 33 »

Le produit en *Ter-Ouen* est de 139 kil. et coûte. . . f. 90 48

Le kil. de *Ter-Ouen* revient en vrac à . . f. » 65

Bénéfice brut du fabricant, 85 p. o'o du capital déboursé. . . . . » 55

Bénéfice ou commission du marchand, 25 p. o/o. . . . . » 30

16 Potages ou 1 k. coûtent au consommateur. f. 1 50

16 Potages gras reviennent donc à un peu moins de 10 cent. L'addition d'un peu de bouillon frais fait du *Ter-Ouen* un excellent consommé.

www.ingramcontent.com/pod-product-compliance
Lightning Source LLC
LaVergne TN
LVHW010911180726
843502LV00010B/4094